POR EL AUTOR DE DROPSHIPING, WTF?
Y SEGURIDAD INFORMÁTICA, WTF?

S. ETCHEVERS

BITCOIN, WTF?

VOLUMEN 1
PRIMERA EDICIÓN

BITCOIN,

what the

fuck?

POR

Sebastián Etchevers

Introducción

Este libro está orientado al total inexperto sobre el tema, al que ha escuchado ligeramente en las noticias o ha dado *like* sin saber en una publicación de Facebook y ahora es invadido por una catarata de avisos publicitarios prometiendo logros extraordinarios si compra *bitcoins* a través de su plataforma. Este libro está dirigido a personas como yo hace unos pocos meses, entusiasta, decidido a cambiar mi presente y forjar un futuro de prosperidad, convencido en la posibilidad de igualdad que esta herramienta ofrece.

Seguramente muchos de los que lean este libro habrán pasado por igual situación que yo. La curiosidad se hizo inquietud, y ésta dio paso a la necesidad de alcanzar un objetivo. Comencé por descargar *e-books* y debo reconocer que mayormente fueron una decepción, no hallando en sus páginas otra cosa de la que simultáneamente iba viendo en los videos de *youtube*; luego llegaron los cursos pagos en plataformas como *Udemy* entre otras.

3

Pasaron meses, y un año, a esas alturas había alcanzado el conocimiento necesario para sentarme junto a amigos y conversar sobre el asunto, algunos jamás habían escuchado acerca del *bitcoin* o incluso de la *criptomoneda*, otros un poco más informados comenzaban a tirotearme con preguntas. Podía responderle, eso me llenaba de confianza, pero aún no había dado el gran paso, aún no había invertido un solo centavo en *bitcoins* o lo que sea. Para colmo de males el sistema no ayuda, el trabajo se hace tedioso y parece nunca acaba, pero cuando el trabajo acababa y llegaba a casa yo estaba muy cansado como para encender la computadora, ni que hablar de seguir el mercado. La familia requiere el resto del tiempo que no te ocupa el trabajo, y si se puede se duerme. Así pasaron los meses, con el ferviente deseo de sentarme a definir mi suerte financiera y sin el tiempo suficiente como para hacerlo. Lo que es peor, el tiempo no era lo único que no tenía para invertir, tampoco sobraba el dinero.

Entre el trabajo y la familia, y las pocas horas de sueño, me hacía tiempo para llevar adelante junto a mi hermano una empresa que por aquel entonces requería de esfuerzos sobrehumanos.

En las vísperas a mis vacaciones la cabeza me daba vueltas. Era el momento de dar vida a mi monedero virtual, de invertir en *criptomoneda* y de jugar con todas esas posibilidades que había descubierto gracias al estudio duro y la paciencia. Empero el tiempo había corroído todo ese nuevo saber y me vi obligado a retomar la lectura, los video-tutoriales y las clases pagas. Talvez al verlo todo por segunda vez comprendí la pésima calidad de todo lo que fue una quimera, ofuscado retomé el camino en busca de nuevos cursos, libros y tutoriales. Una noche, agotado, haciendo tiempo para no rendirme tan fácilmente al sueño me descubro frente a la computadora, tomo la decisión y por primera vez invierto en *criptomoneda*.

De esa noche a esta parte pasó buen tiempo, y confieso que algo similar sucedió al escribir las primeras palabras de este libro, me hallé de pronto una noche frente a la pantalla luminosa y tomé la decisión de evitarle malos tragos a los que como yo, hace unos largos meses, decidieron forjar su destino.

Espero comprendan que este libro va dirigido principalmente a quien no ha tenido casi contacto con la idea de la *criptomoneda*, pero estoy seguro será de mucha utilidad para los que ya poseen un nivel intermedio en la materia.

Mucha suerte en esta nueva etapa de tu vida. No permitas que el cansancio o la duda te detengan, completa la lectura del libro y atrévete a seguir los pasos prácticos que te propongo, tu futuro es hoy.

¿De qué trata este libro?

ÍNDICE

Sección 1:
Un poco de historia

Capítulo 1. Crisis Financieras del siglo XX

Comenzaré contándote acerca de las crisis económicas del último siglo, y si bien reniego de todo curso, libro y tutorial que llena páginas o minutos con información para nada relevante y que no hace más que confundir, desorientar al interesado, debo caer en este punto. Ten paciencia, te prometo que en tanto avances en la lectura comprenderás el porqué de la inclusión de cada tema que vamos tocando.

A continuación te enumero y comento brevemente sobre las crisis del último siglo:

- La gran depresión de 1930.
  Considerada la depresión más larga, más profunda y más influyente del siglo XX. Todo comenzó en 1928 con la caída de los precios agrícolas en Estados Unidos; seguido por la caída de la bolsa de Nueva York el 29 de octubre de 1929.
- 1971 fin de la fiesta del oro.
  Otra crisis iniciada por Estados Unidos por sus excesivos gastos. Durante los acuerdos en *Bretton Woods* se adopta el dólar estadounidense como divisa

internacional, pero tanto la guerra de vietman como la política de deuda de Estados Unidos hacen que el gran país del norte no pueda sostener su propia divisa y cae definitivamente el patrón de oro como sostén del dólar.

- 1973 crisis del petróleo.
- 1987 el lunes negro.
El índice Dow Jones se desploma un 23%, arrastrando consigo a la bolsa europea y la bolsa de Japón.
- 1994 el efecto tequila.
México devalúa, se desploman las inversiones, la producción y el desempleo. Las consecuencias que esto acarreó al resto del mundo es lo que se conoce como "efecto tequila".
- 1998 crisis rusa.
- 2000 crisis de las puntocom.
La crisis acabó con más de cinco mil compañías cerradas entre ellas algunas gigantes de las telecomunicaciones.
- 2001 crisis argentina.
Se suspende el pago de la deuda externa, se pesifican los depósitos en dólares, se impone el "corralito".
- 2008 la gran recesión.
Estados Unidos sufre la mayor crisis financiera luego de la "Gran depresión del 30".
- 2009 crisis europea.

Grecia no puede afrontar su deuda. Cae el Euro.

Estas son las crisis más importantes del siglo XX, en las siguientes páginas profundizaremos en alguna de ellas y recuerda, esto no es en vano, todo tiene una finalidad, es necesario que conozcas esta realidad si estás decidido a invertir tus ahorros en criptomoneda. Invierte unos minutos más de tu vida y no abandones esta sección del libro, que no por ser la más tediosa es la menos importante.

Rápidamente comprenderemos que hay muchos puntos en común entre cada crisis, y es ahí donde debemos poner atención ya que deseo que aprendas a identificar las oportunidades para hacer tu movida.
El *Black Tuesday* de 1929 fue la caída más devastadora del mercado de valores en la historia de Estados Unidos. Se suele culpar a la caída de los precios de los productos agrícolas como el desencadenante, lo cierto es que la especulación fue frenada de cuajo. Mientras el economista *Irving Fisher* proclamaba a viva vos que las acciones habían creado un nuevo piso alto, un tal *Roger Babson* anunciaba un colapso

total. El primer desplome de la bolsa fue llamado *Babson Break* y de hecho muchas personas continuaron confiando en la predicción de Fisher y comenzaron a comprar más acciones en lo que parecía ser una caída saludable del precio de las acciones especulando con la pronta suba de los mismos.

La crisis argentina del 2001 es recordaba principalmente por el nefasto "corralito", medida anunciada por el entonces ministro de economía D. Cavallo, según la cual no se permitía extraer de los bancos más de 250 pesos, esto ante la realidad de que el 50% de los trabajadores eran trabajadores informales.

La "Crisis financiera global" de 2008 fue terrible, se desató directamente por la crisis inmobiliaria de 2006 en Estados Unidos. Las hipotecas subprime, por decisión del presidente Bush, fueron otorgadas a una tasa muy baja a persona sin capacidad de endeudamiento. Ante la oleada de préstamos los especuladores aumentaron el precio de las casas, esto lo comento a grandes zancadas, resumiendo mucho, cuando no se pudo pagar el préstamo, o mejor dicho, cuando Estados Unidos, que había emitido una enorme deuda, comprende que no puede sostener esas tasas tan ínfimas las sube, esto hace caer el valor de las casas que estaba muy inflado, pero las personas al ver que estaban pagando un préstamo hipotecario enormemente mayor que el verdadero valor de la casa, devolvían la casa, es decir, dejaban de pagar el préstamo. A qué vamos con esta chachara, es decir a dónde, pues bien, la cosa es que aparece lo que conocemos como dinero de rescate. Por ejemplo, Estados Unidos tuvo que inyectar más de 200 mil millones de dólares de rescate al sistema bancario. Para evitar que los bancos quebraran, que se despidiera gente, que los ahorristas perdieran sus ahorros, etc, se inyecta este dinero de reserva que es de todo los ciudadanos para salvar un activo privado, que claro, afecta al resto de la sociedad, pero no deja de ser una empresa privada al borde de la quiebra que es salvada con el dinero del pueblo.

Así es que Estados Unidos implementa el Trou*bled Asset Relief Package,* que fue un plan destinado a sacar de la deuda a los bancos comprando sus activos tóxicos.

Es un círculo vicioso, cuando el miedo se apodera de la gente ésta quita sus ahorros del banco, haciendo perder liquidez al banco, que no tiene dinero para prestar y por ende para ganar con las tasas y comisiones, y si los bancos quiebran...

Pero aquí no termina esto, porque en 2013 el mundo quedó nuevamente al borde del colapso financiero. En esta ocasión el abanderado fue Grecia con arriba de los 300 mil millones de dólares (ocupa el puesto 25 con el 245% de su PBI), y si vemos hoy los números de su deuda, en tanto Estados Unidos cerró el 2017 con 14 billones de deuda (98% de su PBI) y Argentina con más de 300 mil millones dólares.

https://www.infobae.com/economia/2018/04/07/a-cuanto-asciende-la-deuda-publica-de-argentina/

Si observamos, veremos que están dadas las condiciones para una nueva crisis. España, Italia y Portugal no la tienen fácil, Países Bajos el 533% de su PBI, Suiza el 265% del su PBI, etc. Las condiciones están, pulula entre nosotros una potencial crisis y el mercado argentino es un importante factor en ello, ya que de caer en default sus 300 mil millones de dólares en deuda provocarán una reacción en cadena.

Ahora bien, ¿por qué nos interesa esto? El asunto es que la relación del *Bitcoin* con las crisis mundiales es la siguiente: crisis=sube el *Bitcoin*. La gente quita el dinero del sistema formal por miedo a perderlo y lo protege comprando *Bitcoins*.

De hecho, fue en plena crisis del 2008/09 que el *Bitcoin* cobra vida.

Capítulo 2. El panóptico de Jeremy Bentham

El panóptico es un tipo de estructura carcelaria ideada por el filósofo *Jeremy Bentham* en el siglo XVIII. Supuestamente sacó la idea de una creación de su hermano Samuel, quien elaboró planos para fábricas buscando reducir el costo en cantidad de empleados, aunque alguna teoría dice que se inspiró en el diseño de zoológicos. Dicha estructura supone una distribución circular de las celdas, que no están comunicada entre sí. En el centro de la construcción una torre se alza y desde ella es posible ver todas y cada una de las celdas, siendo una sola persona capaz de observar todo el complejo de celdas. A su vez, con un sistema de cortinas y un sistema de comunicación con el exterior por pasillos en ángulos rectos, para evitar que la luz delate la posición del observador, se impide que el prisionero pueda saber cuándo su guardián le está observando.

Esa es la idea central del panóptico, la sensación de que siempre y en cualquier momento uno está o puede estar siendo observado. Si bien Bentham no llegó a ver pragmatizada su concepción, el concepto se convirtió en un paradigma del modelo disciplinario.

Capítulo 3. El panóptico por Michel Foucault

Foucault reflexiona sobre la sociedad moderna, una sociedad vigilada, controlada y corregida. De esta manera el filósofo sostiene que la sociedad actual se ha convertido en un panóptico, una sociedad disciplinaria. Es la manera en que el poder actúa sobre el individuo, los mecanismos de poder son reproducidos a través de las relaciones sociales. Por ejemplo, en la escuela el alumno teme al castigo, sabe que el maestro puede estar observándolo y se sabe controlado y evaluado constantemente, lo que lo obliga a comportarse según lo esperado.

Por ejemplo, en 2008 una conferencia titulada "La Educación y los Modos de Subjetivación. Dispositivos Éticos y Dispositivos Disciplinarios" disponible en youtube, la Dra. en Filosofía Esther Díaz nos habla sobre los manuales de confesión de su infancia. Nos cuenta cómo el manual interpela desde su página al confesor consultándole entre otras cosas: ¿ha hecho cosas malas? ¿con quién? ¿con hombres, mujeres o animales? De esa manera desde las páginas del manual se estaba construyendo subjetividad, no solo se establece lo prohibido sino que se da un abanico de posibilidades de con quién o de qué manera comportarse mal. De esta manera el sujeto ajusta su acción a las consecuencias de la misma, se recluye, se aísla abandonando los centros de encuentro de discusión, se terminan las concentraciones de personas en grupos potencialmente opuestos a los centros de poder, los individuos hacen o dejan de hacer en virtud a lo esperado.

De esta manera el individuo es individualizado, el sujeto está sujeto literalmente, no hay salida, hay control o corrección. Es la manera en que nos han formado, han construido nuestras subjetividades hasta el punto de creer que todo esto es normal, y que lo contrario a ello es malo. Lo que escapa a lo normal, ya no solo es castigado por los centros de poder, sino que el resto de los individuos actúan de verdugos, intentando corregir al descarriado o sancionarlo socialmente. Quiero dar un ejemplo que parecerá no encuadrar con este apartado pero lo articularé pacientemente.

En enero de 2018 el presidente y CEO de *JP Morgan Chase*, *Jamie Dimon*, salió a pedir disculpas por haber llamado al *Bitcoin* un fraude. Resulta curioso y no es de extrañar que luego de tomada esta posición por parte de la gigante financiera el valor del *Bitcoin* decayera, siendo que se ha acusado a la empresa de tener un departamento exclusivo sobre *criptomoneda* y que habría tomado posición en *Bitcoins* luego de la supuestamente manipulada caída. Es decir, si es tan fácil manipular el valor de una *criptomoneda* habría que preocuparse, y en realidad lo es, porque su valor depende de la intención de los poseedores, es decir, oferta y demanda. Pero cabe destacar que si el mercado de la *criptomoneda* estuviera regulado al igual que el mercado de acciones, la *JP Morgan Chase* estaría enfrentando un nuevo juicio.

Luego de estos dichos, según portales informativos, otro alto ejecutivo de la gigante financiera habría dicho que despediría a todo empleado que tuviera inversiones en *Bitcoin*. Lo que repercutió negativamente en el mercado de *Bitcoin*. ¿Casualidad?

No obstante, *Tom Lee*, Director de Investigación de *Fundstrat Global Advisory* y *Gerente de JP Morgan Chase*, habría afirmado que el precio del *Bitcoin* en los próximos 5 años llegaría a los 25 mil dólares. ¿Habrán despedido a Lee? Hasta el momento en que escribo el artículo, Lee continua en su puesto.

De esta manera colonizan nuestra subjetividad las grandes empresas, los grandes titiriteros del mundo, a través de los medios de comunicación, desinformando y actuando contrariamente a lo que se nos pide que hagamos. Cabe esperar que si las grandes empresas y los grandes gobiernos están en pie de guerra con las *criptomonedas*, aunque de manera sigilosa invierten en ella, desalentando la inversión a través de los medios de información a su servicio, pues, hagamos lo contrario.

Capítulo 4. El Big Data de Byung-chul Han

El filosofo surcorenao nos habla del *Big Data* como la evolución del *Big Brother*, producto de pasar de una sociedad de control a una sociedad de permiso total, es decir, de un control negativo a un control positivo.

Seré breve, pero confíen en mí, tiene mucho que ver con el universo de la *criptomoneda*.

Según Han el *Big Brother* de Bentham es invisible pero omnipresente, está en la cabeza de los reclusos quienes se sienten controlados, evaluados, vigilados. En este nuevo panóptico digital, este *Big Data*, nadie se siente amenazado o controlado, y sin embargo nuestros medios de control están a la vista: televisores, computadoras, GPS, teléfonos, somos controlados por cualquiera y cada uno de los dispositivos que utilizamos. Cuando damos un like el Big data sabe acerca de nuestras preferencias. Como dice Han, en lugar de confesiones bajo tortura, surge el desnudamiento voluntario.

Cada uno es el panóptico de sí mismo.

[Byung-Chul Han]

Sección 2:

Nakamoto

Capítulo 5. Nace una estrella

Satoshi **Nakamoto** presenta un comunicado titulado "Bitcoin: A Peer to Peer Electronic Cash System", lo que significa que es un sistema de dinero electrónico entre pares.

"Una teoría afirma que Nakamoto tendría guardado 1 millón de Bitcoins, y que si decidiera volcarlo al sistema colapsaría el valor del mismo".

¿Qué sabemos de Satoshi Nakamoto?

Es el año 2008 un programador desconocido crea un algoritmo único, diseña una moneda virtual: el *Bitcoin*.

Si bien algunos lo identifican con diferentes programadores de todo el mundo, alguna teoría lo ubica en un grupo de hackers anónimos e incluso algunos no dudan de su existencia; lo cierto es que nadie le conoce el rostro, el tipo es totalmente anónimo. De hecho encontré en un canal de youtube una teoría interesante y

pertenece al canal MundoDesconocido.es.
Aquí, su autor nos dice que el nombre
de *Satoshi Nakamoto* es un jeroglífico,
un seudónimo creado a partir de un
anagrama. Según el autor en japonés
este es el significado:

- Satoshi = pensamiento claro.

- Naka = medio.

- Moto = origen o fundación.

Intenté por mi cuenta llegar a esta
traducción y realmente no lo logré. A
mí me queda algo así como:

Shikō suru baitai Sōgyō-sha.

Entre otras variantes, por ejemplo, la
traducción que me queda de "creador de
un medio inteligente" es:

インテリジェントメディアの作成者

Interijentomedia no sakusei-sha.

Pero bien, continuaré buscando el
significado del supuesto anagrama.

Entre otras muchas personas que han
sido señaladas como el creador del
Bitcoin está el australiano *Craig*

Wright, aunque en este caso fue él quien declaró ser el creador del *Bitcoin*. *Wright* ha aportado pruebas al respecto pero la comunidad de los medios continúan solicitándole pruebas y mayormente no confían en su confesión.

Sin embargo *Nakamoto* aparece de la nada en 2008 cuando publica su idea, se lo ve activo desde 2009 cuando presenta la *criptomoneda* y desaparece en 2011.

Capítulo 6. Algunas otras teorías

Continuando con la identidad de Nakamoto nos encontramos con varias cuestiones. En primer lugar, supuestamente la creación del algoritmo requirió conocimientos avanzados sobre matemática, economía, criptografía y programación, lo que nos pone a pensar si realmente se trató de una única persona. Para fortalecer esta duda están quienes afirman que se necesitaron entre 10 y 50 computadoras súper potentes para crear la cadena de algoritmos y una de las teorías que pululan en la red apunta contra la Agencia de Seguridad Nacional de Estados Unidos. Ya que supone al *Bitcoin* una real amenaza contra el dólar americano, no es de extrañar que el gran país del norte engendrara a su propio némesis a fin de controlarlo y no dejarlo en manos de otros. Es decir, para los que sostienen esta teoría el creador del *Bitcoin* es Estados Unidos, o al menos, algún departamento del mismo; y argumentan que el sistema de encriptado, que como casi todos, es del NSA americana, tiene un bug, una vulnerabilidad. Es el protocol SHA-256.

Además, supuestamente, en 1997 tres agentes del NSA: *Laurie Law*, *Susan Sabett* y *Jerry Solinas* publicaron un paper denominado *"How to make a mint: the cryptography of anonimous electronic cash"*; esto es algo así como "la criptografia del dinero anónimo". *[American University Law Review]*

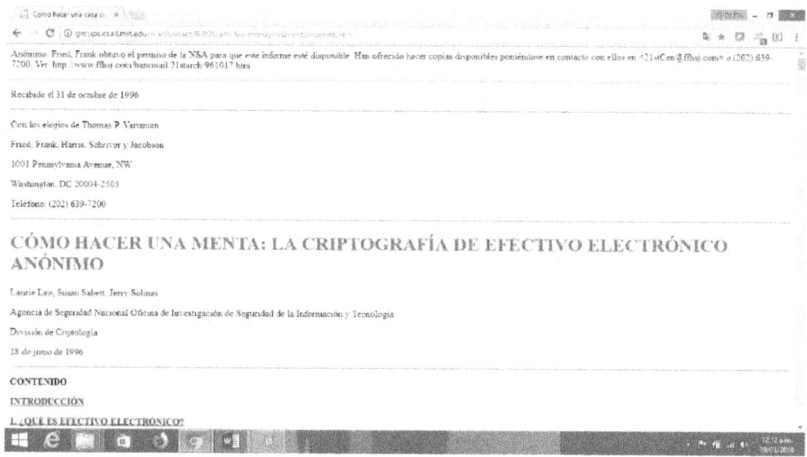

Este paper expone la manera en que se puede crear una criptomoneda y se dice es muy parecido al sistema utilizado por el *Bitcoin*. Se enumeran 4 puntos fundamentales:

- Privacidad.

- Identificación del usuario.

- Integración.

- Blokchain.

  Aquí el link del paper en español:

  http://groups.csail.mit.edu/mac/cl
  asses/6.805/articles/money/nsamint
  /nsamint.htm

A su vez este ensayo nombra, entre
otros muchos, a un tal Tatsuaki
Okamoto, siiiiiii….suena muy parecido a
Satoshi Nakamoto.

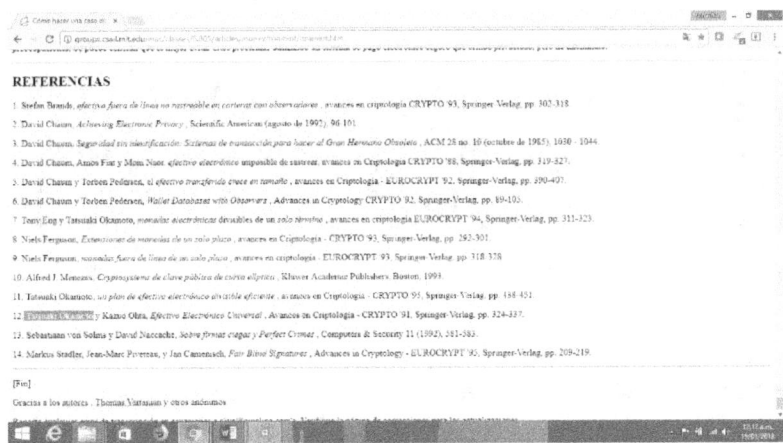

Pero, ¿WTF is Okamoto?

Es el creador del criptosistema
Okamoto-uchiyama, en 1998.

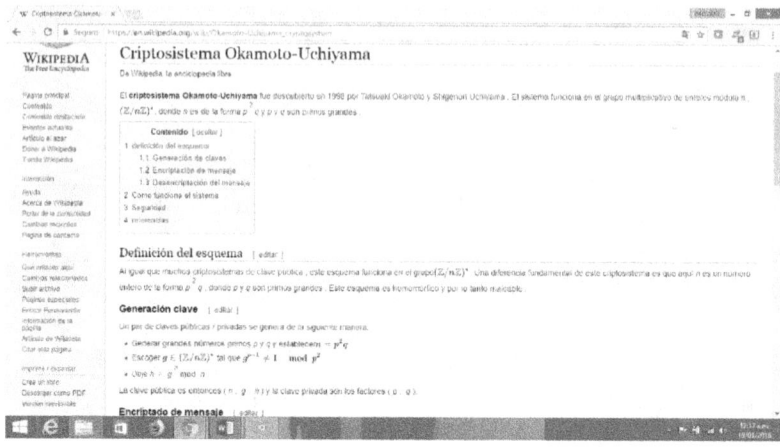

https://en.wikipedia.org/wiki/Okamoto%E
2%80%93Uchiyama_cryptosystem

Estas pruebas apuntarían a NSA como el
creador del *Bitcoin*, pero si bien el
Bitcoin se diseño en 2008 y se lanzó en
2009, y claramente el paper de la NSA
es de 1997, hubo anteriormente otros
intentos de moneda electrónica:

- *Mutual Distributed Ledgers (MDL)*,
  1976. Se publica el paper *"New
  Directions in Cryptography"* en el
  cual definían lo que hoy
  entendemos como *blockchain*.

- *E-Cash, 1983.*

- Hashcash proof of work, 1997.

31

- B-money, 1997.

- Bitgold, 1998. Creada por Nick Szabo, uno de los acusados de ser Satoshi Nakamoto.

Claro, podemos cuestionarnos por qué Bitcoins funcionó y no lo hizo ninguna de sus antecesoras, y podríamos caer nuevamente en alguna de las teorías anteriores. Especialmente cuando vemos que Bitgold cumple con casi todas las mismas funcionalidades que Bitcoin, razón por la que su creador fue confundido con Nakamoto.

Alguna otra teoría conspirativa apunta a que es un seudónimo, una construcción elaborada con el nombre de cuatro empresas Samsung, Toshiba, Nakamichi y Motorola.

Sección 3:

El Bitcoin

Capítulo 7. FOMO

En 2010 podías comprar 1 *Bitcoin* por 10 centavos de dólar. Si hubieras comprado 1.000 *Bitcoins* por 100 dólares, hoy tendrías más de 3 millones de dólares.

El FOMO viene del inglés *Fear of Mising Out*, es decir, miedo a quedar afuera. Ahora bien, si hablamos de *Bitcoin* o de la ascendete *Ethereum* podemos decir que el FOMO es algo bueno, al menos la corta vida de estas *critpomonedas* así lo demuestran. En cambio, hoy en día existen muchísimas nuevas *criptomonedas* y cada día hay nuevos *ICO (Initial Coin Offerings)*, lo que volviendo al *FOMO* puede resultar perjudicial, ya que generalmente los *ICO* inician sus ofertas con valores muy bajos y por temor a perder la oportunidad de subirse a la nueva *criptomoneda* de moda el inversor inyecta sus dólares en toda nueva moneda.

Capítulo 8. The Silk Road

La *Silk Road* fue una plataforma dentro de la Deep Web que funcionaba como una especie de Mercadolibre o E-bay pero para productos y servicios ilegales, al cual se accedía mediante la red TOR y cuyo medio de pago era el *Bitcoin*. *Ross Ulbrich*, su fundador, fue detenido en una biblioteca, y fue encontrado con su laptop mientras estaba logeado como administrador de la plataforma. Esta situación ha suscitado muchas sospechas en el universo web generándose la hipótesis de que todo fue una operación armada por el FBI. Esta plataforma se desarrolló a mediados de 2010, siendo lanzada a mediados de 2011 y en aquel momento un Bitcoin tenía un valor de 1 dólar.

En una entrevista con Forbes, Ulbricht asegura no ser el creador de la plataforma, sino que luego de descubrir un problema en la plataforma y repáralo, es nombrado socio por el verdadero creador, y que posteriormente compró la participación del mismo en la empresa. Según Ulbricht, Dread Pirate Roberts es un cargo no un alias particular.

Dejo el link de un artículo escrito por *Adrian Chen*, youtuber devenido a periodista exitoso, titulado "The underground website where you can buy any drug imaginable".

https://www.wired.com/2011/06/silkroad-2/

Es en este artículo donde se pone énfasis quizás por primera vez en el

Bitcoin, es decir, la moneda que se utilizaba para las operaciones ilegales que se operaban en esa plataforma. Este artículo disparó el valor del *Bitcoin* de 9 dólares 17.

Capítulo 9. Resumen

Resumiendo esta ya resumida sección, repasamos superficialmente la enorme deuda externa de los países con relación a su PBI que vimos en la primera sección de este libro, y recordando que la Unión Europea transita por una mala temporada en la que varios países se cuestionan su participación, la caída del Euro, los potenciales defaults y sus consiguientes consecuencias para con los acreedores, la quiebra del sistema bancario o los fondos de rescate que siempre se equipara a la perdida de los ahorros particulares, todo ello nos lleva a mirar a la *criptomoneda* como una salida o tal vez la única. Todo ello sin contar que la crisis del 2013 hizo disparar el valor del *Bitcoin* y estamos ante una situación muy parecida.

No olvides que luego de la segunda guerra mundial, el único país que no salió económicamente perjudicado fue Estados Unidos, ya que acumuló todo el oro posible haciendo al dólar la moneda más estable y confiable. Estados Unidos tenía la mitad del oro del mundo. Hasta que Nixon decidió sacar al oro como respaldo del dólar, y quedó respaldado por: el dólar mismo. Esto lleva a pensar que el Bitcoin en algún momento pueda ocupar el mismo lugar, en especial si la teoría de que es el propio Estados Unidos su creador.

Sección 4:
El Bitcoin II

Capítulo 10. ¿Qué es Bitcoin?

En pocas palabras es una versión electrónica peer to peer del dinero, o para ser más directos, no es otra cosa que códigos informáticos.

Este activo digital, a través de internet puede ser vendido, comprado o transferido y claro, como ya lo habrán notado, puede ser tanto una moneda digital como un activo de inversión. Es decir, puedo utilizar el *Bitcoin* para realizar mis compras o puedo comprarlo especulando con la subida de precios para sacar una plusvalía.

Cuando enviamos dinero a través internet es necesaria la intervención de un tercero, esto es así porque si enviáramos directamente el dinero a un par este se duplicaría. Empero cuando transferimos *Bitcoins* la operación no requiere de un tercero, por ejemplo una tarjeta de crédito, así que dicha operación no queda registrada en ninguna base de datos externa. Todo se hace mediante la red *Bitcoins*, que corren un tipo de software llamado *blockchain*, que utiliza criptografía segura, ya hablamos del protocolo SHA y ¿su vulnerabilidad?

El *blockchain* es lo que permite eliminar al intermediario, es un registro de todas las transacciones que han sucedido. Es como un libro contable que crece constantemente y no permite modificar los registros, registros que están cronológicamente ordenandos.

En total existen 21 millones de *bitcoins*, entre bloques minados y no minados, y se estima que para el año 2140 todos los *bitcoins* serán minados.

A continuación expongo las 13 claves de por qué Bitcoin gusta tano, según el portal bit2me:

1. <u>Rápido</u>. El envío de cualquier suma es casi en tiempo real.

2. <u>Barato</u>. A diferencia de una transferencia bancaria, al no existir el tercero interviniente, no hay comisiones. Incluso si quieres pagar una tasa, para seducir a los nodos a dar prioridad a tu transacción por sobre otras, es extensamente más barata que cualquier comisión bancaria.

3. <u>Global</u>. No tiene límites geográficos.

4. <u>Emisión descentralizada</u>. Ningún sistema bancario o gobierno interviene o puede intervenir en la emisión y distribución de

bitcoins, así como en su valoración.

5. <u>Tuyo</u>. No son cuentas pasibles de embargo, no pueden disponer de tu dinero.

6. <u>Programable</u>. Puedes monetizar cualquier tipo de servicio.

7. <u>Cifrado y distribuido</u>. Esto es fabuloso. Utiliza el más fuerte sistema de cifrado y al ser distribuido lo hace resistente a caídas. Es el único sistema informático que ha estado operativo 24/7 durante 8 años consecutivos.

8. <u>Transparente</u>. Todas las transacciones son públicas, en forma de dirección pública, pero reservando la identidad del titular.

9. <u>Código abierto</u>. Es un software abierto y gratuito, para ser utilizado y mejorado por cualquiera.

10. <u>Basado en consenso</u>. Desde el desarrollo de su código hasta el *blockchain* funcionan desde el consenso.

11. <u>Emisión limitada</u>. Jamás existirán más de 21 millones de *bitcoins* y únicamente surgen de la minería.

12. <u>Sin barreras</u>. No tienes que pagar ningún tipo de costo por apertura de cuentas, gastos de mantenimiento, seguros y otros gastos bancarios.

13. <u>Privado</u>. *Bitcoin* no es completamente anónimo, pero cuida de tu privacidad en un mundo regido por el *Big Data*.

El link del artículo del cual extraigo esta lista de ventajas del Bitcoin:

<u>http://blog.bit2me.com/es/ventajas</u>
<u>-bitcoin/</u>

Capítulo 11. Fechas importantes para el Bitcoin

Algunas de las fechas más destacadas para el Bitcoin:

- El paper. Octubre de 2008.

- El big bang de *Bitcoin*. Fue el 3 de enero de 2009, el bloque Génesis, el primer bloque en la cadena de transacciones de *Bitcoin*.

- 12 de octubre de 2009, un usuario llamado "Anarchist cyberpunk ninja A.K.A. Sirius" vendió 5.050 *bitcoins* por 5,02 dólares.

- 22 de mayo de 2010 (algunos dicen que fue el 18 de mayo). *Laszlo Haynecs* compró dos pizzas por 10.000 *bitcoins*, 25 dólares de la época. Hagan la cuenta a hoy.

- 9 de febrero de 2011 el *Bitcoin* alcanza a valer 1 dólar por primera vez.

- En noviembre de 2012 la minería tuvo un revés. Se pasó de ganar 50 *bitcoins* por bloque minado, a ganar 25.

- Octubre de 2013, el FBI arresta a *R. William Ulbricht*, supuesto fundador de *Silk Road* y cierran la plataforma.

- En febrero de 2014 la empresa Mt. Gox desaparece, la primera plataforma de cambio de bitcoins había quebrado y perdido 744.000

bitcoins. Mark Karpeles, su CEO fue condenado en Japón.

- El 2 de marzo de 2017, un bitcoin alcanza el valor de una onza de oro.

- Aparece *OpenBazaar*, la major plataforma e-comerce que trabaja con *Bitcoin*.

Capítulo 12: Preguntas frecuentes

En esta sección repasaremos brevemente algunos conceptos importantes que ya hemos visto en las páginas anteriores, conceptos que cobrarán capital importancia en lo que resta del libro.

1. ¿Qué es The Silk Road?

La traducción al español es la ruta de la seda. Fue un mercado negro en línea al cual se accedía únicamente desde la red *TOR*, fundada en 2011 supuestamente por *Ross Ulbricht*, cuyo alias era *Dread Pirate Roberts*. En este mercado se comercializaba diferentes tipos de drogas y el proceso era el siguiente:

- Se ingresaba a través de la red TOR, así que debías instalar tu cliente *TOR*.
- Los compradores, una vez dentro de *Silk Road* podían loguearse fácilmente.
- El producto era enviado por el vendedor al comprador, sin intervención del administrador de la plataforma.

Shop by category:
Cannabis(162)
Ecstasy(33)
Psychedelics(119)
Opioids(33)
Stimulants(56)
Dissociatives(6)
Other(199)

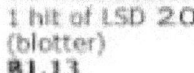

1 hit of LSD 2.0 (blotter)
฿1.13

1/8 oz high quality cannabis 2.0
฿3.17

Para garantizar el anonimato se utilizaba el *Bitcoins* como moneda de pago, pero *Dread Pirate Roberts* sabía de la posibilidad de rastreo de las transacciones con *Bitcoins*, así que comenzó a enrutar las operaciones, utilizando transacciones falsas para confundir el rastreo. Por esta operación, el administrador se quedaba con entre un 10% y un 15% del valor de la transacción.

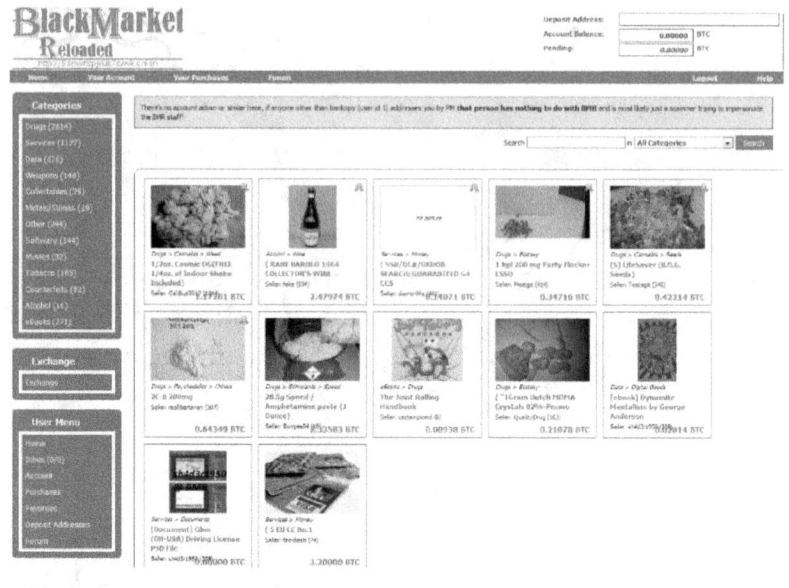

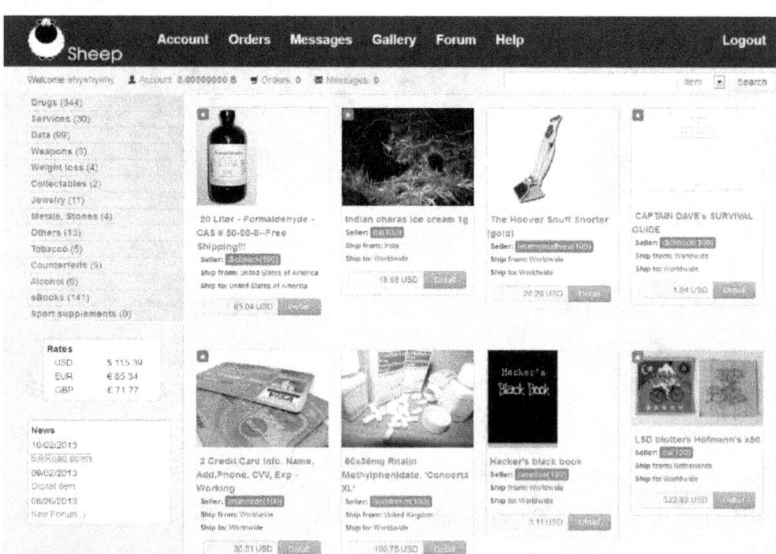

Luego de largo tiempo fuera de línea, ante la inminente caída *SheepMarket* y

47

The Black Market Reloaded (BMR), en 2013 The Silk Road retoma sus operaciones como *The Silk Road 2.0.*

2. ¿Qué es TOR?

Seré muy breve y me esforzaré en ser didáctico, no lo aseguro en esta cuestión. De todas maneras hay mucha información disponible en google de cómo funciona TOR.

Tor es la sigla de The Onion Router (El enrutamiento de Cebolla). Esto debido a que su estructura de red consiste en varias capas de cifrado, es decir, no hay contacto directo entre tu pc y el servidor remoto. La conexión va pasando por diferentes nodos secretos que cifran los datos de entrada y salida, esta información es descifrada únicamente a la salida en último nodo utilizado. De esta manera, cuando ingresas a, por ejemplo, Silk Road desde tu pc en Argentina a través de TOR, si alguien rastrea la IP de salida del último nodo del cliente, el rastreo lo llevará por ejemplo a una IP de Japón, si logran localizar este IP el rastreo los llevará a una IP en Alemania, y así sucesivamente.

Si quieres descargar TOR, te dejo un link con la última versión a Enero de 2018:

https://www.torproject.org/download/download.html.es

3. ¿Qué es FOMO?

El FOMO viene del inglés *Fear of Mising Out*, es decir, miedo a quedar afuera. Se lo relaciona generalmente con la adicción a las redes sociales, lo que obliga a quienes sufren este síndrome a estar constantemente conectados. Este síndrome se ha visto involucrado en el mercado de las *criptomonedas*, no solo en el caso de *Bitcoins* u otras monedas virtuales conocidas y de alto rendimiento, sino que ante la imposibilidad de volver el tiempo atrás viendo cómo se han valorizado algunas *criptomonedas* como *Bitcoin*, los inversores están atentos a la salida de cualquier nueva *criptomoneda* para comprarlas muy barato especulando con que tengan un futuro prometedor como el de la gigante *Bitcoin*.

4. ¿Qué es una ICO?

Cuando una empresa sale a la bolsa y ofrece por primera vez sus acciones, hablamos de IPO, Initial Public Offering, en español es conocida como OPV (Oferta Pública de Ventas). Pues bien, en el mundo de las *criptomonedas* hablamos de *ICO*, Initial Coin Offering, es decir, es la oferta inicial de la moneda. Es la manera de conseguir fondos para crear y distribuir la nueva *criptomoneda*.

5. ¿Qué es blockchain?

Esto es de suma importancia para comprender a *Bitcoin* y el funcionamiento de cualquier *criptomoneda*.

Es una gran cadena de bloques, como su nombre lo dice, y esos bloques forman un gran libro contable en el cual están registradas las transacciones. Cada vez que los *bitcons* de un bloque son gastados y transferidos, esas transacciones quedan registradas en cada bloque. La información registrada es la fecha, duración, participante y una marca de tiempo. Requiere de la confirmación de gran parte de la comunidad de mineros, y si el bloque no cumple los requisitos de validación no es confirmado y no se adiciona a la cadena de bloques. Una vez que la información ingresó al sistema no puede ser modificada. *Blockchain* es de escritura y solo lectura, no permite borrar o modificar nada añadido al sistema. Para confirmar cada transacción los bloques son rastreados hasta el bloque Génesis.

Entonces, una vez validado el bloque es distribuido a todos los nodos y se agrega a la cadena. Un conjunto de transacciones forman un bloque, y ese bloque verificado y validado forma parte de una cadena de bloques.

Cada bloque tiene: a) un código alfanumérico que encaja con el bloque anterior, b) el paquete de transacciones, y c) un código alfanumérico que encajará con el bloque siguiente.

6. ¿Qué es el bloque Génesis?

Fue el 3 de enero de 2009 cuando se generó el primer bloque en la cadena de bloques del Bitcoin. El primer bloque tenía una recompensa de 50 bitcoins y la recibió la dirección pública Bitcoin 1A1zP1eP5QGefi2DMPTfTL5SLmv7DivfNa. Los bitcoins del bloque Génesis no pueden ser gastados, y se dice que todas las transacciones de esa dirección han sido ingresos, por lo que si alguien pudiera realizar una transacción desde esa dirección con los bitcoins posteriores a lo generados por el bloque Génesis podría demostrar que es Nakamoto.

7. ¿Qué es la minería?

Los mineros son individuos o empresas que están conectados a la cadena de bloques a través de un software específico. Recordemos que el bloque tiene un código alfanumérico que encajará con el bloque siguiente, pues bien, el minero intentará hallar a través de cálculos ese código.

https://blockexplorer.com/

En blockexplorer podemos seguir los bloques que han sido minados, así como información pertinente a los mismos, también se hace un seguimiento de las últimas transacciones aprobadas. Lo mismo ocurre con el sitio blockchain.info, sigan ambos links y comparen, en mi opinión son dos plataformas muy parejas y totalmente útiles al momento de minar, levantar un nodo o buscar información al respecto.

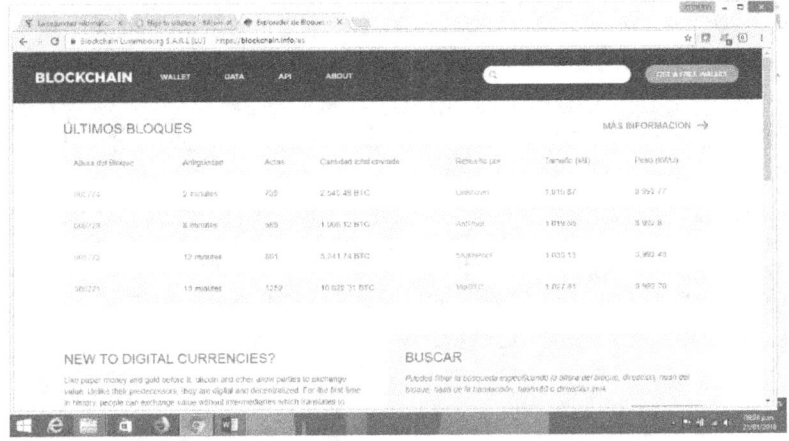

https://blockchain.info/es

8. ¿Qué es un nodo?

Los nodos suelen ser los mismos mineros, y de hecho cuando en 2140 hayan sido minados todos los bloques, alcanzando los 21 millones de bitcoins, el papel de los mineros se reducirá al de los nodos. Los nodos cobran una tasa por validar transacciones. Cada vez que un bloque se confirma, se distribuye al resto de los nodos y se agrega luego a la cadena.

9. ¿Qué es Hash?

Para minar hace falta instalar el *Bitcoin Client*, es un programa para resolver algoritmos. El algoritmo utilizado es el *SHA-256*, ya hemos hablado al respecto en las páginas anteriores de este libro.

Cuando hablamos de algoritmos de hash, hacemos referencia a una función o método para generar claves que representan de manera casi unívoca a un documento, registro, archivo, etc. Un hash es el resultado de dicha función o algoritmo, y funciona como una huella dactilar. Estos algoritmos son unidireccionales, es decir, se puede obtener en base a un dato su hash resultante, pero teniendo el hash es imposible obtener el dato original.

Para minar un nuevo bloque, el minero debe resolver este algoritmo, y cuando lo logra debe hacer algo que es bueno que conozcas pero no es imperante que entiendas, en fin, busca una lista de bloques potenciales, calcula el hash potencial de estos bloques potenciales buscando que el hash resultante sea más alto que el nivel de dificultad actual. Si esto no se cumple, debe continuar con la operación.

En capítulos posteriores repasaremos conceptos como *cold wallet*, *cold storage, proof of work (POW), Proof of stake (POS), Ethereum, Ether, smart contracts, clave pública, clave privada, fork, vpn.*

Sección 5:
El Bitcoin III

Capítulo 13: El paso a paso

¡Felicidades! Hemos llegado a la parte más interesante de este libro, eso porque es la parte más pragmática. A partir de aquí verás cómo comprar y vender tus *bitcoins*, y todos los pasos a seguir detalladamente. Si bien el título de la presente obra refiere a todas las *criptomonedas*, nos referimos en esta sección al *Bitcoin*, pero luego ahondaremos en alguna otra.

Primero veremos cómo elegir tu monedero, luego cómo conseguir tu dirección pública, cómo enviar y recibir, cómo comprar y vender, cómo cambiar *bitcoins* por efectivo y cómo gastar tus *bitcoins*. Por último nos sumergiremos en cómo proteger tus *bitcoins* y otras *criptomonedas*.

Capítulo 14: Paso N°1-la billetera

Una billetera de bitcoins, es una billetera digital en donde guardas tus bitcoins.

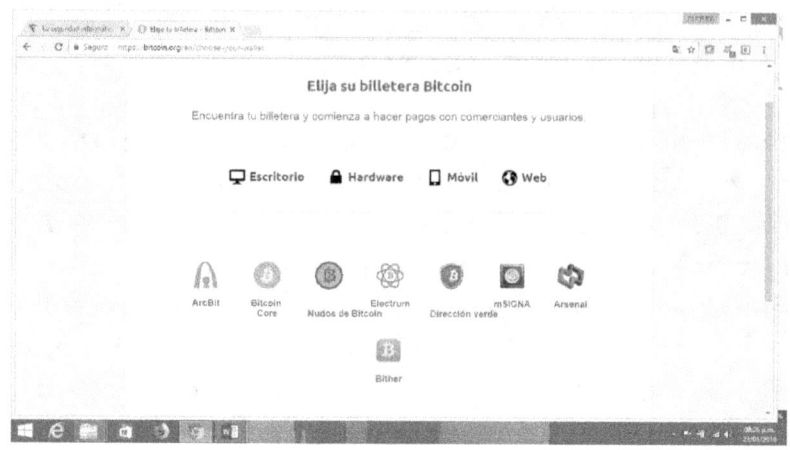

Te aconsejo visitar el sitio Bitcoin.org, el link que recomiendo es de la wallet de Electrum:

https://bitcoin.org/en/wallets/desktop/windows/electrum/

Una vez seleccionada la *wallet*, debemos elegir entre las siguientes opciones:

- Escritorio. Puedes descargar tu *wallet* en tu pc, ya sea para Windows, Mac o Linux.

- Móvil. Otra opción es descargarlo a tu teléfono móvil, y viene

59

disponible para sistemas Android, Ios, Windows Phone o BlackBerry.

- Hardware. Esta opción ya la veremos, te permite sacar tus *bitcoins* de internet.

- Web. Por último, tenemos la opción de utilizar un monedero web, es decir, on-line. Tu no dispones de la clave privada, es el sitio web el que la tiene. Es la opción más sencilla, y también la más riesgosa, pues, el sitio puede ser *hackeado* y perder toda tu inversión.

Recomiendo tener múltiples monederos, uno de cada opción y no guardar todo o la mayoría de tus *bitocins* en un solo monedero. Puedes tener un monedero con los ahorros para el resto de tu vida, otro destinado a un viaje, otro para utilizar como moneda corriente y otro para operaciones de inversión en diferentes criptomonedas.

He probado varias opciones, en Argentina la mejor opción al momento de redactar este artículo es Ripio, ya que puedes cargar tu cuenta desde PagoFácil, Rapipago o transferencia bancaria. Otras cuentas en las que opero personalmente, aunque únicamente a modo de prueba y puesta en práctica de mis conocimientos, son:

- Blockchain.info, cuenta + wallet.

- Coinbase.com, cuenta + wallet.

- Bittylicious.com.

Tanto en *blockchain* como en *coinbase* no se puede comprar *bitcoins* desde Argentina, pero al tener *wallet* puedes comprar desde Ripio y transferirlo a tus *wallet* en estas otras plataformas. Con *bittylicious*, por el contrario, tienes la opción de comprar *bitcoins*, *Ether*, etc, pero no tiene disponible una *wallet*, así que ya debes contar con una en otra plataforma.

Algunas plataformas, como *bittylicious* requieren validación del mail, validación de teléfono (te envían mensaje de texto con código de verificación), validación del titular (foto frente y dorso del dni o pasaporte), segunda verificación de titular (foto primera hoja pasaporte, por ejemplo), validación de domicilio (foto de comprobante de pago de un servicio público), validación de cuenta bancaria (no es requisito excluyente, pero fortalece la validación cuando se hace la compra vía tarjeta de crédito).

También se hace fácil comprar desde Bitex.la si eres de Argentina o Chile, pero al igual que con el resto de las plataformas son muy rigurosos con tu infomación personal, esto te afectará únicamente si buscas anonimato, pues, al menos en Argentina no es ilegal operar con *criptomoneda* y hasta el momento en que redacto este artículo tampoco es obligación declararla ante la Afip.

En resumen, una buena estrategia para el recién iniciado en *criptomoneda* es validar su cuenta en Ripio si está en Argentina, en Chile puede hacerlo en *Bitex.la*, ya que es sumamente rápido y sencillo hacerlo. Aunque parezca mentira, en otras plataformas o no podemos comprar *bitcoins*, porque no aplican para el mercado argentino, o simplemente tenemos inconvenientes con la información de validación. No te asustes, es así y hay que tener paciencia.

En fin, Ripio, en mi caso funcionó genial, puedo comprar *bitcoins* y pasarlos a mi *wallet* de blockchain.info, o simplemente transferir esos *bitcoins* a otra *wallet* como en Coinbase.com y desde allí comprar otras *criptomonedas* pagándolas con esos mismos *bitcoins*.

En algunas plataformas los sells & buys están bloqueados para Argentina, y solamente permiten enviar y recibir bicoins.

Otra manera sencilla es utilizar desde Argentina, aunque en otros países las plataformas que funcionan son otras el proceso es similar, es utilizar cryptomkt.com ya que es sencillo validar la cuenta y pasar de un nivel básico a un nivel *trader*. Siendo nivel *trader* podrás mover fondos ilimitadamente, claro, no es para nada anónimo, aquí ingresas tus datos personales incluyendo selfie y número de cuenta bancaria, incluso los depósitos se hacen únicamente vía transferencia electrónica bancaria. Bien, una vez depositados los fondos, compras *Ether*, y lo traspasas a tu *wallet* en *blockchain*, donde puedes intercambiarlo por *bitcoins* o *bitcoins-cash*.

Capítulo 15: Paso N°2-las llaves

Tienes que saber que hay 2 tipos de direcciones para tu cartera de *bitcoins*, una de ellas comienza con 1 y la otra con 3. El formato que comienza con 1 es el denominado *P2PKH* (*Pay To Public Key Hash*), corresponde a las direcciones estándar y durante mucho tiempo fueron las únicas. Aquellas direcciones que comienzan con 3 son las *P2SH* (*Pay To Script Hash*), se aplican desde 2012 y son generalmente aplicadas a direcciones multifirma.

Hay una tercera opción, que no recomiendo, que es conocida como *"Vanity Address"*. La empresa *Bitcoin Vanity Gen*, por un módico precio en Satoshis, nos creará una dirección Bitcoin personalizada; en un par de días nos envía la dirección final a nuestro e-mail registrado en su plataforma. Esta opción es insegura totalmente, no lo hagas.

Otra manera de generar un Vanity
Address es en una pc sin conexión a
internet. Debes descargar la
herramienta VanityGen desde GitHub, de
esta manera serás el único con acceso a
la clave privada. No es sencillo, debes
utilizar la pizarra y el proceso es
lento y tedioso. Pero te comento
brevemente cómo hacerlo:

- Descarga la herramienta.

- Ejecuta la pizarra (cmd).

- Arrastra el archivo
  Vanitygen64.exe (si tu sistema
  operativo es de 32 bits el archivo
  es Vabitygen32.exe. Presiona
  Enter.

- Se genera la lista de opciones.

- Volvemos a arrastrar el archivo y tipeamos -v 1(la palabra deseada). No olvides de tipear 1.

- Cuando se genere la dirección personalizada, la copiamos y exportamos a nuestra wallet.

Debes saber que la personalización de tu dirección de bitcoins agrega visibilidad a tus operaciones.

Volvamos a nuestra dirección Bitcoin pública, la que comienza con 1 o 3, bien, para recibir un pago o un transferencia, debemos darle esa dirección al depositante o podemos utilizar una opción más segura, el código QR, el cual puede ser leído por dispositivos móviles.

Entonces, como ya sabes al abrir tu monedero recibes 2 llaves, una pública y una privada. La llave pública puedes verla como una dirección de e-mail, y puedes darla a tus clientes para que depositen sus pagos en ella. En tanto la llave privada solo tú debes conocerla, ya que es la que te da la capacidad de realizar transacciones con tus bitcoins.

Capítulo 16: Paso N°3- consigue bitcoins

Ahora que tienes tu monedero, es hora de conseguir bitcoins, y hay varias maneras de hacerlo:

• **Recibirlos**. Puedes recibir bitcoins como regalo o como pago a una prestación.

• **Ganarlos**. Esto es algo conocido como "Faucet". Son páginas monetizadas con publicidad, normalmente mediante CPM (coste por cada mil impresiones). Para generar ingresos necesitan una gran cantidad de tráfico diariamente, y seducen visitantes ofreciéndoles bitcoins. Otra manera de ganarlos es, obviamente, cobrando en bitcoins por un servicio o producto vendido.

• **Minarlos**. Ya hablamos al respecto, dos veces, y sabemos que en un comienzo era muy sencillo realizar esta tarea por una recompensa de 50 bitcoins, la cual luego bajó a 25 bitcoins y hoy está en 12,5 bitcoins. Es la recompensa por minar un bloque, pero ya no puedes hacerlo con tu pc personal, olvídalo.

Tus opciones son: invertir una gran suma de dinero creando una minera o sumarte a un pool (mining pool) pagando una suma por participar y recibiendo ganancias en base a tu participación.

• **Comprarlos**. Aqui dependes del país en que resides. Empero recomiendo visitar: https://bitcoin.org/en/exchanges

en este enlace puedes consultar acerca de las plataformes disponibles en tu país para la compra de bitcoins en tu moneda local o en dólares estadounidenses.

Puedes intentar comprar tus bitcoins también desde: https://www.coinbase.com/

En argentina está la modalidad de venta
a través de plataformas de e-comerce
como Mercadolibre, y hay diferente
modalidad. Por ejemplo, puedes
encontrar un vendedor que ofrece sus
bitcoins a un valor determinado, y que
te cotiza la cantidad que puedes
comprar con el dinero que tienes para
invertir, y existe la modalidad de
cotización únicamente, en la que
ofertas 1$ argentino y te dan la
dirección de las oficinas físicas en
las que puedes completar tu
transacción.
https://listado.mercadolibre.com.ar/bit
coin#D[A:bitcoin

Capítulo 17: Paso N°4- ¿cómo utilizo mis bitcoins?

Pues bien, es muy sencillo. Puedes pagar por servicios y productos a nivel internacional, ya que bitcoin es internacional, ahorrándote problemas con el cambio de moneda.

Otra alternativa es adquirir tarjetas de regalo con tus bitcoins, y en verdad hay muchas marcas internacionales que ofrecen este servicio.

Por último, puedes utilizar tu tarjeta de débito para hacer compras en bitcoins o para retirar de cajeros automáticos (ATM o cashdispenser), por ejemplo en coinbase puedes adquirir tu tarjeta de débito bitcoin Visa (shift card).

Claro, en ocasiones será conveniente o necesario vender tus bitcoins. Recuerda cuando hablamos de las casas de cambio, pues, son también una buena opción a la hora de desprenderte de tus bitcoins.

Puedes hacer tu venta directamente con un comprador, pero corres el riesgo de que éste no deposite el dinero, de la misma manera que el comprador se arriesga a que tú no le cargues los bitcoins una vez has recibido su transferencia en moneda.

La tercera opción es una mezcla de las anteriores, pues, se trata de la opción par to par, que no deja de ser una operación directa entre vendedor y comprador pero regulada por una casa de cambio que se encarga de que las dos operaciones se lleven a cabo.

Una manera adicional en la que puedes utilizar tus bitcoins es invertirlos en la compra de Icos, ya que la mayoría de estas ofertas aceptan bitcoins.

Capítulo 18: Paso N°5- almacena tus bitcoins

Recuerda lo que hablamos de la clave públcia y de la clave privada.

Una opción de almacenamiento es la que se conoce como *"hot wallet"*, en este caso tú como propetario de bitcoins no controlas la clave privada, sino que ésta esta en poder de un tercero. Repito que hablamos de Bitcoin pero esto sirve para todas las criptomonedas.

Mi consejo es mantener tus bitcoins fuera de línea, pero claro, eso depende de la intención con la cual tienes esos bitcoins.

Si tu intención es guardar tus bitcoins a largo plazo especulando con un aumento en tu poder de compra debes tenerlos offline, ahora bien, si vas a utilizar tus bitcoins para alguna negociación no es práctico tenerlos fuera de línea; en este último caso puedes utilizar Bittrex. Retomando la opción offline debes buscar opciones de cold wallet.

Hablemos del cold storage, lo que significa que tienes tu billetera en tu teléfono celular o en tu computadora portátil, pero offline. Si instalas una wallet de MiltiBit desde Bitcoin.org en un disco rígido externo, únicamente pondrías en riesgo tus bitcoins cuando conectas el disco online. Empero, cuando transcurre demasiado tiempo desde la última vez que tu wallet estuvo online, al momento de conectarla para realizar una transacción toda la cadena de bloques se actualizará provocando una demora. Para evitar este inconveniente puedes comprar una wallet portátil, como la Trezor Wallet o la Ledger Nano S., estas billeteras de cold storage mantienen la billetera, la clave privada y la clave pública en el hardware. ¿Qué sucede si la billetera se rompe o se extravía? Aun tienes la posibilidad de recuperar tus bitcoins, ya que este tipo de hardware cuenta con un sistema de recupero basado en palabras claves. En línea con el cold storage puedes imprimir tus bitcoins en papel, pero debes asegurate de resguardarlos correctamente: https://bitcoinpaperwallet.com/

Debes considerar que al imprimir tu dinero en papel se generará una clave privada, por lo que desde esta página se ofrece la alternativa de hacerlo off line. Nos enviará a GitHub donde debes cliquear en "clonar o descargar" para descargar en formato zip las claves privadas. Arrastra al pendrive penBit, el cual por supuesto tuviste que abrir y desencriptar utilizando tu contraseña. Ve a extract (extraer ficheros) y show files (mostrar archivos), selecciona el archivo de bitcoinpaperwallet. Bien. ALTO!!! Una vez dentro del archivo encuetras el generador de billetes, pero no lo ejecutes aún, porque lo que quieres es hacerlo off-line. Ahora debes reiniciar el equipo y desconectarlo de internet antes de inciar con tu pendrive de Linux, repite el proceso de cierre e inicio de tu monedero.

Pero esto es muy confuso, por lo que cuando leas el apartado siguiente donde explico cómo crear y utilizar el pendrive de Linux y el monedero off-line, repetiré el proceso de impresión de billetes.

Capítulo 19: Paso N°6- máxima seguridad

Lo que te enseñaré a continuación es sumamente sencillo, si bien está dirigido a usuarios de nivel intermedio, pero debes seguir mis consejos al pie de la letra mis consejos de seguridad.

Si eres usuario de Windows, el primer paso es descargar el Linux para que funcione desde un pendrive, lo haces ingresando a Antergos, para lo que simplemente debes ingresarlo en el buscador de Google. Vamos a descargar y luego en últimos medios de instalación. Debes descargar la ISO, así que das clic en Descargar Antergos Live Iso.

Una vez que has descargado la imagen ISO del Linux debes procurarte un software que permita alojarlo en el pendrive, ya que utilizarás el pendrive para dar inicio a tu máquina. Una de las opciones es etcher.io, esta herramienta está en inglés pero puedes utilizar el traductor de Google, y una vez en el sitio web seleccionas descargar para Windows x64; hay dos versiones en este caso, selecciona la primera ya que es la versión portable y no requiere instalación.

Revisa tu carpeta de descargas, ya que por defecto allí encontraras el archivo ISO, ejecútalo. El sistema puede solicitar tu permiso, da el OK. Luego consultará la ubicación donde deseas alojarlo, aquí seleccionas el pendrive y luego seleccionas Flash. Procura que en este pendrive no tengas información importante ya que se formateará, borrando todos los archivos que contenga.

A partir de ahora el pendrive es de solo lectura, lo que te evitará grandes dolores de cabeza, como la instalación de software malicioso que ponga en riesgo tus bitcoins; esto es una gran ventaja, pero no la única, ya que con este pendrive tienes la posibilidad de no depender de una sola computadora, pues, con el pendrive puedes iniciar cualquier computadora que corra con Windows x64.

Si al computadora es un poco antigua, talvez debas ingresar a la BIOS del sistema operativo y desactivar la uefi, que es el sistema de seguridad de Microsoft.

Ahora bien, antes de iniciar con el pendrive de inicio, procura reiniciar tu computadora.

Una vez a iniciado Antargos, se actualiza, y luego consulta si deseas descargarlo a la computadora, cierra la ventana. Ahora debes encriptar el pendrive que utilizaras para guardar los monederos, ojo, no es el mismo pendrive que utilizamos para iniciar la computadora en Linux. Para ello seleccionamos Actividades, y tecleamos Disco, para seleccionar luego entre las opciones el disco extraíble que utilizaremos.

Puedes nombrar el pendrive en la casilla Nombre, por ejemplo penBit.

Bien.

ATENTO.

Ahora debes seleccionar la ruedita dentada y dar clic en formatear, se abre una ventana de opciones, selecciona formatear partición. En la opción tipo: Cifrado compatible con Linux (Luks + ext4); te solicitará la contraseña de encriptación de la unidad. Esta formateado.

Revisa en archivos, busca la carpeta nombrada penBit, clic, por ahora esta vacío.

Ahora debes abrir el navegador, no te asustes, recuerda que este apartado es para intermedios pero es tan sencillo como para que no le temas. Ahora debes descargar tu monedero, utiliza jaxx.io, porque posee alto grado de anonimato y te permite poseer las claves privadas. Ve a descargar el TAR de x64.

Cuando se descargue, arrastra el archivo hasta el pendrive que utilizarás como monedero. Clic sobre el acceso directo, y selecciona el monedero Express. Luego debes seleccionar que criptomonedas utilizarás en tu monedero virtual y selecciona Take me to my wallet para crear el monedero.

Ya con el monedero haces la copia de seguridad, abres el menú hamburguesa de la derecha, clic en Tools y backup wallet.

Importantísimo.

El BACKUP consiste en 12 palabras claves en orden, debes apuntarlas en un papel, así como las direcciones de tus monederos, ya que si pierdes o se rompe el pendrive la única manera de recuperar tu información, o sea, tus coins, es con estas 12 palabras claves. Sino, no solo pierdes la clave y la dirección, también pierdes tus coins.

YA TIENES TUS MONEDEROS A SALVO.

Por último, un paso fundamental que te evitará tener que recuperar tus monederos cada vez que inicies el pendrive. Hasta el momento solamente tienes el acceso directo en tu pendrive, así que dirígete a "Carpeta personal" y teclea Ctrl+H lo que hace visible los archivos hiden, ocultos. Vamos a la carpeta .config y dentro de esta el archivo jaxx. Arrástralo hasta tu pendrive de monederos.

ATENCIÓN. Cada vez que utilices el pendrive de monederos, antes de hacerlo, deberás arrastrar la carpeta jaxx nuevamente a carpeta personal, .config.

Repasemos algo de lo anterior. Has copiado la contraseña del pendrive de arranque y las 12 palabras clave del monedero.

Inicia la computadora con el pendrive de Linux, te solicitará la contraseña, aparecerá el instalador cada vez que realices este paso, ciérralo. Ve a archivos, selecciona penBit y copia el archivo jaxx, ingresa luego en "Carpeta personal", ve a la carpeta .config y copia el archivo jaxx allí. Recuerda utilizar Ctrl + H para ver el archivo .config. ya puedes regresar al pendrive penBit y ejecutar el acceso directo de manera que aparecerán los monederos que tenías guardados, y recuerda, nuevamente debes recordar jaja, que de no haber realizado los pasos anteriores no aparecerán tus monederos y deberás utilizar las 12 palabras claves para recuperarlos.

Cuando acabes el día, nuevamente arrastras la carpeta jaxx desde .config hasta penBit, habiendo previamente borrado en penBite la carpeta jaxx anterior. No te equivoques, no borres la carpeta jaxx con extensión más larga (jaxx.w 1.2.18_linux64x), es donde se aloja el acceso directo.

En el apartado anterior te comenté sobre la posibilidad de imprimir billetes, pero claro, aún no había explicado el proceso de inicio de Linux con el pendrive, como así tampoco el del monedero off-line. Así que como lo prometí, repito los pasos a seguir para la impresión del papel porque sé que a estas alturas lo comprenderás.

Debes considerar que al imprimir tu dinero en papel se generará una clave privada, por lo que desde esta página se ofrece la alternativa de hacerlo off line. Nos enviará a GitHub donde debes cliquear en "clonar o descargar" para descargar en formato zip las claves privadas. Arrastra al pendrive penBit, el cual por supuesto tuviste que abrir y desencriptar utilizando tu contraseña. Ve a extract (extraer ficheros) y show files (mostrar archivos), selecciona el archivo de bitcoinpaperwallet. Bien. ALTO!!! Una vez dentro del archivo encuentras el generador de billetes, pero no lo ejecutes aún, porque lo que quieres es hacerlo off-line. Ahora debes reiniciar el equipo y desconectarlo de internet antes de iniciar con tu pendrive de Linux, repite el proceso de cierre e inicio de tu monedero.

Capítulo 20: despedida

Como despedida deseo hablar brevemente acerca de Ethereum y su ficha, el Ether.

El Ethereum es conocido como la criptomoneda para las empresas; en realidad, es una cadena de bloques y un sistema que permiten que permiten a las empresas construir sus negocios sobre esa cadena de bloques.

En 2013 sobre un paper publicado por Vitalik Buterin proponía un nuevo protocolo digital sobre el cual construir aplicaciones descentralizadas. Por ello, es más fácil pensar en Ethereum como una plataforma sobre la cual se basan aplicaciones, negocios y criptomonedas. Por ejemplo, una nueva moneda que ha surgido en 2018 es el LatinoToken, esta criptomoneda se basa en la cadena de bloques del Ethereum, y cuantas más empresas se creen sobre esta cadena de bloques más poderoso se hará el Ethereum.

Una aclaración: no puedes comprar nada con tus Ether, únicamente se utilizan para pagar las transacciones de las empresas que utilizan el Ethereum (Smart contracts), pero puedes canjearlos por Bitcoins.

En fin, el Sistema bancario está en bancarrota, las grandes potencias mundiales no pueden permitir que el Sistema bancario quiebre por lo que volveremos a ver los salvatajes y sus consecuencias. Piensa en las criptomonedas como una revolución financiera, una manera de confrontar un sistema financiero corrupto y de proteger los ahorros de tu vida. Es aterrador, lo sé, pero es tu decisión. En este libro tienes material de mucha ayuda si es que decides tomar la decisión de ingresar al criptomundo. Sea cual sea tu decisión, no la tomes a la ligera, y recuerda, la historia es cíclica, se repite. Un abrazo y no dudes en consultarme toda duda que no hayas logrado responder en estas líneas.

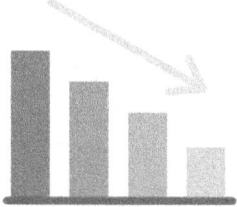

"Que el futuro no te atrape en la barra amarilla"

SEBASTIÁN ETCHEVERS es un emprendedor que lleva adelante una empresa dedicada DESARROLLO web, entre otros servicios.

Está disponible para consultas de Marketing, Branding and Revenue Management, así como diseño web, e-commerce, seguridad informática, dropshiping, facebooks ADS & SEO.

Puedes conocer un poco más a Seba y escribirle a:

sebaetchevers@upweb.com.ar

o visitar el sitio web:

www.upweb.com.ar

S. ETCHEVERS

ESTE LIBRO ESTÁ ORIENTADO AL TOTAL INEXPERTO
SOBRE EL TEMA, AL QUE HA ESCUCHADO LIGERAMENTE
EN LAS NOTICIAS O HA DADO LIKE SIN SABER EN UNA
PUBLICACIÓN DE FACEBOOK Y AHORA ES INVADIDO POR
UNA CATARATA DE AVISOS PUBLICITARIOS
PROMETIENDO LOGROS EXTRAORDINARIOS SI COMPRA
BITCOINS A TRAVÉS DE SU PLATAFORMA. ESTE LIBRO
ESTÁ DIRIGIDO A PERSONAS COMO YO HACE UNOS
POCOS MESES, ENTUSIASTA, DECIDIDO A CAMBIAR MI
PRESENTE Y FORJAR UN FUTURO DE PROSPERIDAD,
CONVENCIDO EN LA POSIBILIDAD DE IGUALDAD QUE
ESTA HERRAMIENTA OFRECE.
NO PERMITAS QUE EL CANSANCIO O LA DUDA TE
DETENGAN, COMPLETA LA LECTURA DEL LIBRO Y
ATRÉVETE A SEGUIR LOS PASOS PRÁCTICOS QUE TE
PROPONGO,
TU FUTURO ES HOY.

VOLUMEN 1
PRIMERA EDICIÓN

Una última cosa...

Si has disfrutado con este libro y lo has encontrado útil, te estaría muy agradecida si pudieras poner un comentario aunque sea breve en Amazon. Me los leo todos personalmente y con ellos haces que mis libros sean mejores.

Si pudieras dejar un comentario solo tienes que hacer click en este link y dejarlo en la web de Amazon.

https://www.amazon.com/s?url=bbn%3D2306 59011%26search-alias%3Daps&field-keywords=sebastian+etchevers

¡Gracias otra vez!